Ein Weihnachtsabend mit Johann Wolfgang Goethe

Reclam

RECLAMS UNIVERSAL-BIBLIOTHEK Nr. 14037
2020 Philipp Reclam jun. Verlag GmbH,
Siemensstraße 32, 71254 Ditzingen
info@reclam.de
Umschlaggestaltung: zero-media.net
Umschlagabbildung: ClassicStock/akg-images
Abbildung S. 6: Johann Heinrich Lips:
Porträt des Johann Wolfgang von Goethe, 1791
Schmuckelemente: © shutterstock / Nadezhda Molkentin
Druck und Bindung: Elanders Waiblingen GmbH,
Anton-Schmidt-Straße 15, 71332 Waiblingen
Printed in Germany 2026
RECLAM, UNIVERSAL-BIBLIOTHEK und
RECLAMS UNIVERSAL-BIBLIOTHEK sind eingetragene Marken
der Philipp Reclam jun. GmbH & Co. KG, Stuttgart
ISBN 978-3-15-014037-6
reclam.de

Ein Weihnachtsabend
mit Johann Wolfgang Goethe

Inhalt

Johann Wolfgang Goethe

Weihnachten mit Goethe

Sei es in Frankfurt am Main in seinem Haus am Großen Hirschgraben, in Leipzig oder in Rom – Johann Wolfgang Goethe (1749–1832) hat seine Weihnachtsabende an vielen verschiedenen Orten verbracht. Zum Glück war er ein großer Freund von Weihnachtsgrüßen, denn so sind viele Zeugnisse davon erhalten, wie der Dichterfürst und Weltbürger dieses Fest beging. Er schrieb an seinen Freund Herzog Carl August, an seine Vertraute Charlotte von Stein oder an ihren Sohn Fritz. Und in all seinen Worten schwingt das Einmalige der Weihnachtstage mit, die für ihn eine sinnenfrohe Zeit des Genießens waren, der Nascherei, der Lichter, der Kerzen und der Wärme. Weihnachten war für ihn aber vor allem ein Fest der Kinder, die diesen Zauber auf eine ganz besondere Weise erleben und für die an einem solchen Abend selbst ein einfaches Puppenspiel eine wundersame Welt zwischen zwei Türpfosten eröffnen kann.

Weihnachten

Bäume leuchtend, Bäume blendend,
Überall das Süße spendend,
In dem Glanze sich bewegend,
Alt und junges Herz erregend –
Solch ein Fest ist uns bescheret,
Mancher Gaben Schmuck verehret;
Staunend schaun wir auf und nieder,
Hin und her und immer wieder.

Aber, Fürst, wenn Dir's begegnet
Und ein Abend so Dich segnet,
Dass als Lichter, dass als Flammen
Vor Dir glänzten allzusammen
Alles was Du ausgerichtet,
Alle die sich Dir verpflichtet:
Mit erhöhten Geistesblicken
Fühltest herrliches Entzücken.

Goethe auf dem Glatteis

»Ohne Schrittschuh und Schellengeläut
Ist der Januar ein böses Heut.«

Jahr aus Jahr ein

Ein Schweben im Unbestimmten

Inspiriert von dem Gedicht »Der Eislauf« von Friedrich Gottlieb Klopstock (1724–1803), hatte Goethe die Freuden des Schlittschuhlaufens für sich entdeckt. Mit seiner Begeisterung konnte er selbst die Weimarer Hofgesellschaft anstecken, obwohl dieser Spaß damals nur ein Vergnügen der unteren Stände war. In Dichtung und Wahrheit *erinnert er sich noch gut an seine ersten Erfahrungen auf dem Eis.*

[B]esonders aber tat sich, bei eintretendem Winter, eine neue Welt vor uns auf, indem ich mich zum Schlittschuhfahren, welches ich nie versucht hatte, rasch entschloss, und es in kurzer Zeit, durch Übung, Nachdenken und Beharrlichkeit, so weit brachte, als nötig ist, um eine frohe und belebte Eisbahn mitzugenießen, ohne sich gerade auszeichnen zu wollen.

Diese neue frohe Tätigkeit waren wir denn auch Klopstocken schuldig, seinem Enthusiasmus für diese glückliche Bewegung, den Privatnachrichten bestätigten, wenn seine Oden davon ein unverwerfliches Zeugnis ablegen. Ich erinnere mich ganz genau, dass an einem heiteren Frostmorgen, ich aus dem Bette springend mir jene Stellen zurief:

Schon von dem Gefühle der Gesundheit froh,
Hab' ich, weit hinab, weiß an dem Gestade gemacht
Den bedeckenden Kristall.

Wie erhellt des Winters werdender Tag
Sanft den See? Glänzenden Reif, Sternen gleich,
Streute die Nacht über ihn aus!

Mein zaudernder und schwankender Entschluss war sogleich bestimmt, und ich flog sträcklings[1] dem Orte zu, wo ein so alter Anfänger mit einiger Schicklichkeit seine ersten Übungen anstellen konnte. Und fürwahr! diese Kraftäußerung verdiente wohl von Klopstock empfohlen zu werden, die uns mit der frischesten Kindheit in Berührung setzt, den Jüngling seiner Gelenkheit ganz zu genießen aufruft, und ein stockendes Alter abzuwehren geeignet ist. Auch hingen wir dieser Lust unmäßig nach. Einen herrlichen Sonnentag so auf dem Eise zu verbringen, genügte uns nicht; wir setzten unsere Bewegung bis spät in die Nacht fort. Denn wie andere Anstrengungen den Leib ermüden, so verleiht ihm diese eine immer neue Schwungkraft. Der über den nächtlichen, weiten, zu Eisfeldern überfrorenen Wiesen aus den Wolken hervortretende Vollmond, die unserm Lauf entgegensäuselnde Nachtluft, des bei abnehmendem Wasser sich senkenden Eises ernsthafter Donner, unserer eigenen Bewegungen sonderbarer Nachhall vergegenwärtigten uns Ossian'sche Szenen ganz vollkommen. Bald dieser bald jener Freund ließ in deklamatorischem Halbgesange eine Klopstockische Ode ertönen, und wenn wir uns im Dämmerlichte zusammenfanden, erscholl das ungeheuchelte Lob des Stifters unserer Freuden.

Und sollte der unsterblich nicht sein,
 Der Gesundheit uns und Freuden erfand,
  Die das Ross mutig im Lauf niemals gab,
   Welche der Ball selber nicht hat?

1 *sträcklings:* schnurstracks.

Solchen Dank verdient sich ein Mann, der irgendein irdisches Tun durch geistige Anregung zu veredeln und würdig zu verbreiten weiß!

Und so wie talentreiche Kinder, deren Geistesgaben schon früh wundersam ausgebildet sind, sich, wenn sie nur dürfen, den einfachsten Knabenspielen wieder zuwenden, vergaßen wir nur allzu leicht unseren Beruf zu ernsteren Dingen; doch regte gerade diese oft einsame Bewegung, dieses gemächliche Schweben im Unbestimmten, gar manche meiner innern Bedürfnisse wieder auf, die eine Zeitlang geschlafen hatten, und ich bin solchen Stunden die schnellere Ausbildung älterer Vorsätze schuldig geworden.

FRIEDRICH GOTTLIEB KLOPSTOCK

Der Eislauf

Vergraben ist in ewige Nacht
Der Erfinder großer Name zu oft!
Was ihr Geist grübelnd entdeckt, nutzen wir;
Aber belohnt Ehre sie auch?

Wer nannte dir den kühneren Mann,
Der zuerst am Maste Segel erhob?
Ach! verging selber der Ruhm dessen nicht;
Welcher dem Fuß Flügel erfand?

Und sollte der unsterblich nicht sein,
Der Gesundheit uns und Freuden erfand,
Die das Ross mutig im Lauf niemals gab;
Welche der Ball selber nicht hat?

Unsterblich ist mein Name dereinst!
Ich erfinde noch dem schlüpfenden Stahl
Seinen Tanz! Leichteren Schwungs fliegt er hin,
Kreiset umher, schöner zu sehn.

Du nennest jeden reizenden Ton
Der Musik, drum gib dem Tanz Melodie!
Mond, und Wald höre den Schall ihres Horns,
Wenn sie des Flugs Eile gebeut.

O Jüngling, der den Wasserkothurn
  Zu beseelen weiß, und flüchtiger tanzt,
    Lass der Stadt ihren Kamin! Komm mit mir,
      Wo des Kristalls Ebne dir winkt!

Sein Licht hat er in Düfte gehüllt,
  Wie erhellt des Winters werdender Tag
    Sanft den See! Glänzenden Reif, Sternen gleich,
      Streute die Nacht über ihn aus!

Wie schweigt um uns das weiße Gefild!
  Wie ertönt vom jungen Froste die Bahn!
    Fern verrät deines Kothurns Schall dich mir,
      Wenn du dem Blick, Flüchtling, enteilst.

Wir haben doch zum Schmause genung
  Von des Halmes Frucht? und Freuden des Weins?
    Winterluft reizt die Begier nach dem Mahl;
      Flügel am Fuß reizen sie mehr!

Zur Linken wende du dich, ich will
  Zu der Rechten hin halbkreisend mich drehn.
Nimm den Schwung, wie du mich ihn nehmen siehst.
      Also! nun fleug schnell mir vorbei!

So gehen wir den schlängelnden Gang
  An dem langen Ufer schwebend hinab.
    Künstle nicht! Stellung, wie die, lieb ich nicht,
      Zeichnet dir auch Preisler nicht nach.

Was horchst du nach der Insel hinauf?
Unerfahrne Läufer tönen dort her!
Huf und Last gingen noch nicht übers Eis,
Netze noch nicht unter ihm fort.

Sonst späht dein Ohr ja alles, vernimm
Wie der Todeston wehklagt auf der Flut!
O wie tönt's anders! wie hallt's, wenn der Frost
Meilen hinab spaltet den See!

Zurück! Lass nicht die schimmernde Bahn
Dich verführen, weg vom Ufer zu gehn!
Denn wo dort Tiefen sie deckt, strömt's vielleicht,
Sprudeln vielleicht Quellen empor.

Den ungehörten Wogen entströmt,
Dem geheimen Quell entrieselt der Tod!
Glittst du auch leicht, wie dies Laub, ach! dorthin;
Sänkest du doch, Jüngling, und stürbst!

Ungebahnte Wege

Goethes Brief an den deutschen Physiker und Mathematiker Johann Lorenz Böckmann (1741–1802) zeigt, welche Bedeutung der Dichterfürst dem Schlittschuhlaufen beimaß: Nicht jedem vertraute er die Reparatur seiner »Schrittschuhe« an, wie damals die Metallkufen genannt wurden, die man unter den Schuhsohlen befestigte.

[Frankfurt, 14. und 15. November 1774.]

Ich komme vom Eis, erst durch eine Gesellschaft und durch ein Abendessen am Tisch, wo Sie auch saßen. Ich bin sehr müde; ich habe Bahn gemacht, gekehrt mit den Meinigen, [...] usw.

Ich war aufm Eis usw. den 14. Nov. 1774.

Das Ihnen nur so hingeworfen, wie ich's Ihnen sagen möchte, noch nachts um 10 Uhr. Morgen mehr.

Martini Abend (ich hielte das Blatt gestern Nacht für einen Briefbogen, will auch nun so fortfahren) Martini Abend hatten wir das erste Eis, und vom Sonntag auf den Montag nachts fror es so stark, dass ein kleiner Teich, der sehr flach vor der Stadt liegt, trug. Das entdeckten Zweie morgens, verkündigten mir's, da ich sogleich mittags hinauszog, Besitz davon nahm, den Schnee wegkehren, die hindernden Schilfe abstoßen ließ, durch ungebahnte Wege durchsetzte, da mir denn die anderen mit Schaufel und Besen folgten und ich selbst nicht wenig Hand anlegte. Und so hatten wir in wenig Stunden den Teich umkreiset und durchkreuzt. Und wie weh tat's uns, als wir ihn bei unfreundlicher Nacht verlassen mussten. Der Mond wollte nicht herauf, nicht hinter den Schneewolken hervor, und heute taut alles dahin. Dieses alles habe sogleich zu melden, für meine Schuldigkeit erachtet, und hoffe ein Gleiches von Ihnen. Haben Sie meine Schrittschuhe machen lassen? ich habe niemand finden können, dem ich die Verfertigung hätte anvertraut. Schicken Sie mir doch den *Satyros*. Und behalten Sie mich im Andenken der Liebe!

Goethe.

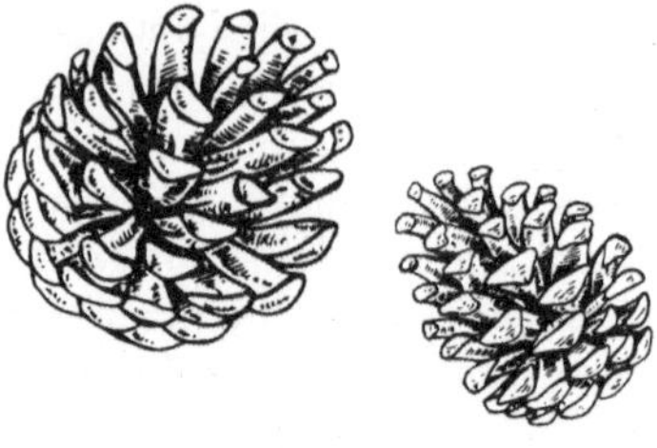

Schlittschuhe per Post

Seinen engen Freund Herzog Carl August von Sachsen-Weimar-Eisenach (1757–1828) konnte Goethe mit seiner Begeisterung anstecken: Auch der Herzog wurde zu einem enthusiastischen Eisläufer. Die Ungeduld, mit der Goethe auf seine Schlittschuhe wartet und die er in seinem Brief an den Herzog schildert, konnte dieser sicher gut nachvollziehen.

Waldeck bei Bürgel, 24.–26. Dezember 1775.

Sontags früh eilfe. Unser Bote ist noch nicht da, der Schrittschuhe mitbringt, ihm sind tausend Flüche entgegengeschickt worden, wir sind in der Gegend herumgekrochen und geschlichen. Gleich hinter dem Hausgarten führt ein wilder Pfad nach einem Felsen, worauf ein altes Schloss der Grafen von Gleichen stund, mitten im Fichtental, Bertuch[2] hat mit seinem Mägdlein Rasen und Moos Bänke und Hüttchen und Plätzchen angelegt, die sehr romantisch sind, die Felsen hinab sind wilde Blicke, und ein offener, freundlicher über die Fichtentiefen nach Bürgel hin. Die Morgensonne war lieb. Ich stieg mit Bertuch seitwärts eine Felsenstiege ab zu einem Brunnen und Fischkasten, die Eiszapfen die Felsen herab! – Der Bote ist da, und nun aufs Eis. Segen zum Morgen und Mahlzeit, lieber gnädiger Herr – – Die Schlittschuhe sind vergessen, ich habe gestrampft und geflucht, und eine Viertelstunde am Fenster

2 *Bertuch:* Friedrich Justin Bertuch (1747–1822), deutscher Verleger und Mäzen.

gestanden und gemault, nun laben sie mich mit der Hoffnung es käm noch ein Bote nach. Muss also ohne geschritten zu Tische – A b e n d s v i e r e . Sind gekommen, habe gefahren und mir ist's wohl.

Winter

Wasser ist Körper und Boden der Fluss. Das neuste
Theater
Tut in der Sonne Glanz zwischen den Ufern sich auf.

Wahrlich, es scheint nur ein Traum! Bedeutende Bilder
des Lebens
Schweben, lieblich und ernst, über die Fläche dahin.

Eingefroren sahen wir so Jahrhunderte starren,
Menschengefühl und Vernunft schlich nur verborgen
am Grund.

Nur die Fläche bestimmt die kreisenden Bahnen
des Lebens;
Ist sie glatt, so vergisst jeder die nahe Gefahr.

Alle streben und eilen und suchen und fliehen einander;
Aber alle beschränkt freundlich die glättere Bahn.

Durcheinander gleiten sie her, die Schüler und Meister,
Und das gewöhnliche Volk, das in der Mitte sich hält.

Jeder zeigt hier, was er vermag; nicht Lob und nicht Tadel
Hielte diesen zurück, förderte jenen zum Ziel.

Euch, Präkonen des Pfuschers, des Meisters Verkleinerer,
wünscht' ich
Mit ohnmächtiger Wut stumm hier am Ufer zu sehn.

Lehrling, du schwankest und zauderst und scheuest
die glättere Fläche.
Nur gelassen! du wirst einst noch die Freude der Bahn.

Willst du schon zierlich erscheinen, und bist nicht sicher?
Vergebens!
Nur aus vollendeter Kraft blicket die Anmut hervor.

Fallen ist der Sterblichen Los. So fällt hier der Schüler,
Wie der Meister; doch stürzt dieser gefährlicher hin.

Stürzt der rüstigste Läufer der Bahn, so lacht man am Ufer;
Wie man bei Bier und Tabak über Besiegte sich hebt.

Gleite fröhlich dahin, gib Rat dem werdenden Schüler,
Freue des Meisters dich, und so genieße des Tags.

Siehe, schon nahet der Frühling; das strömende Wasser
verzehret
Unten, der sanftere Blick oben der Sonne, das Eis.

Dieses Geschlecht ist hinweg, zerstreut die bunte
Gesellschaft;
Schiffern und Fischern gehört wieder die wallende Flut.

Schwimme, du mächtige Scholle, nur hin! und kommst
du als Scholle
Nicht hinunter, du kommst doch wohl als Tropfen ins
Meer.

Unterwegs in Schnee und Eis

»Wie eine Schlittenfahrt geht mein Leben, rasch weg
und klingelnd und promenierend auf und ab.«

Brief an Johanna Fahlmer

Rastlose Liebe

Dem Schnee, dem Regen,
Dem Wind entgegen,
Im Dampf der Klüfte,
Durch Nebeldüfte,
Immer zu! Immer zu!
Ohne Rast und Ruh!

Lieber durch Leiden
Möcht ich mich schlagen,
Als so viel Freuden
Des Lebens ertragen.
Alle das Neigen
Von Herzen zu Herzen,
Ach wie so eigen
Schaffet das Schmerzen!

Wie soll ich fliehen?
Wälderwärts ziehen?
Alles vergebens!
Krone des Lebens,
Glück ohne Ruh,
Liebe, bist du!

Freundliches Begegnen

Im weiten Mantel bis ans Kinn verhüllet,
Ging ich den Felsenweg, den schroffen, grauen,
Hernieder dann zu winterhaften Auen,
Unruhgen Sinns, zur nahen Flucht gewillet.

Auf einmal schien der neue Tag enthüllet:
Ein Mädchen kam, ein Himmel anzuschauen,
So musterhaft wie jene lieben Frauen
Der Dichterwelt. Mein Sehnen war gestillet.

Doch wandt ich mich hinweg und ließ sie gehen
Und wickelte mich enger in die Falten,
Als wollt ich trutzend in mir selbst erwarmen;

Und folgt ihr doch. Sie stand. Da war's geschehen!
In meiner Hülle konnt ich mich nicht halten,
Die warf ich weg, Sie lag in meinen Armen.

»Manchmal sieht unser Schicksal aus wie ein Fruchtbaum im Winter. Wer sollte bei dem traurigen Ansehn desselben wohl denken, dass diese starren Äste, diese zackigen Zweige im nächsten Frühjahr wieder grünen, blühen, sodann Früchte tragen könnten, doch wir hoffen's, wir wissen's.«

Wilhelm Meisters Wanderjahre

Wintergrüße vom Brocken

Ganz allein zu Pferde, Eis und Schnee trotzend, begab sich Goethe im Winter 1777 auf ein persönliches Abenteuer: Er unternahm eine Reise in den Harz. Besonders der Brocken hatte es ihm angetan, den er am 10. Dezember bestieg. Ein besonderes Ereignis, das er wie viele der Eindrücke, die er auf dieser Reise machte, seiner engen Vertrauten Charlotte von Stein (1742–1827) mitteilte. Später wird er seinem Abenteuer mit dem Gedicht »Die Harzreise« ein poetisches Denkmal setzen.

[Clausthal, 7.–9., Altenau, 9. Dezember 1777.]

**l. d. 7. Dez. Abends. Schöne Mondnacht und alles weiß im Schnee. Sie sehen wohl dass ich auf den Bergen bin weil ich in so wenig Stunden das Klima so sehr verändern kann. Aber nicht allein Klima. Ich hab Ihnen viel zu erzählen wenn ich wiederkomme. Wenn ich nur hernach erzählen kann. Den sonderbaren dramatisch-ministerialischen Effekt den die Welt auf mich macht durch die ich ziehe!! Das schönste von dieser Wallfahrt ist dass ich meine Ideen bestätigt finde auf jedem Schritt, über Wirtschaft, es sei ein Bauergut oder ein Fürstentum, und dass sie so simpel sind, dass man gar nicht zu reisen brauchte wenn man *bei sich* was lernte. Nur die Einsamkeit will mir doch nicht recht, ich hab's sonst besser gekonnt, bei euch verwöhn ich mich, ich möchte doch in manchen Stunden zu Hause sein.

[…]

d. 9. Es ist gar schön. Der Nebel legt sich in leichte Schneewolken zusammen, die Sonne sieht durch, und der Schnee über alles macht wieder das Gefühl von Fröhligkeit. In meiner Verkappung seh ich täglich wie leicht es ist ein Schelm zu sein, und wie viel Vorteile einer der sich im Augenblick verleugnet, über die harmlose Selbstigkeit der Menschen gewinnen kann. Niemand macht mir mehr Freude als die Hundsfütter, die ich nun so ganz vor mir gewähren, und ihre Rolle gemächlich ausspielen lasse. Der Nutzen aber den das auf meinen phantastischen Sinn hat, mit lauter Menschen umzugehn die ein bestimmtes, einfaches, daurendes, wichtiges Geschäft haben, ist unsäglich. Es ist wie ein kaltes Bad, das einen aus einer bürgerlich wollüstigen Abspannung, wieder zu einem neuen kräftigen Leben zusammenzieht.

[...]

[Torfhaus und Clausthal,10. und 11. Dezember 1777.]

d. 10. Vor Tag. eh ich wieder hier aufbreche noch einen guten Morgen.

Nachts gegen 7. Was soll ich vom Herren sagen mit Federspulen, was für ein Lied soll ich von ihm singen? im Augenblick wo mir alle Prose zur Poesie und alle Poesie zur Prose wird. Es ist schon nicht möglich mit der Lippe zu sagen was mir widerfahren ist wie soll ich's mit dem spitzen Ding hervorbringen. Liebe Frau. Mit mir verfährt Gott wie mit seinen alten heiligen, und ich weiß nicht woher mir's kommt. Wenn ich zum Befestigungs-Zeichen bitte dass möge das Fell trocken sein und die Tenne nass so ist's so, und umgekehrt auch, und mehr als alles die übermütterliche Leitung zu meinen Wünschen. Das Ziel meines Verlangens ist erreicht, es hängt an vielen Fäden, und viele Fäden hingen davon, Sie wissen wie symbolisch mein Dasein ist – – Und die Demut die sich die Götter zu verherrlichen einen Spaß machen, und die Hingebenheit von Augenblick zu Augenblick, die ich habe, und die vollste Erfüllung meiner Hoffnungen.

Ich will Ihnen entdecken (sagen Sie's niemand) dass meine Reise auf den Harz war, dass ich wünschte den Brocken zu besteigen, und nun Liebste bin ich heut oben gewesen, ganz natürlich, ob mir's schon seit 8 Tagen alle Menschen als unmöglich versichern. Aber das Wie, von allem, das Warum, soll aufgehoben sein wenn ich Sie wiedersehe. Wie gerne schrieb ich jetzt nicht.

Ich sagte: Ich hab einen Wunsch auf den Vollmond! – Nun Liebste tret ich vor die Türe hinaus da liegt der Brocken im hohen herrlichen Mondschein über den Fichten vor mir und ich war oben heut und habe auf dem Teufelsaltar meinem Gott den liebsten Dank geopfert.

Ich will die Namen ausfüllen der Orte. Jetzt bin ich auf dem sogenannten Torfhause, eines Försters Wohnung zwei Stunden vom Brocken.

Clausthal d. 11. Abends, heut früh bin ich vom Torfhause über die Altenau zurück und habe Ihnen viel erzählt unterwegs, o ich bin ein gesprächiger Mensch wenn ich allein bin.

Nur ein Wort zur Erinnerung. Wie ich gestern zum Torfhause kam saß der Förster bei seinem Morgenschluck in Hemdsärmeln, und diskursive redete ich vom Brocken und er versicherte die Unmöglichkeit hinauf zu gehn, und wie oft er Sommers droben gewesen wäre und wie leichtfertig es wäre jetzt es zu versuchen – Die Berge waren im Nebel man sah nichts, und so sagt er ist's auch jetzt oben, nicht drei Schritte vorwärts können Sie sehn. Und wer nicht alle Tritte weiß pp. Da saß ich mit schwerem Herzen, mit halben Gedanken wie ich zurückkehren wollte. Und ich kam mir vor wie der König den der Prophet mit dem Bogen schlagen heißt und der zu wenig schlägt. Ich war still und bat die Götter das Herz dieses Menschen zu wenden und das Wetter, und war still. So sagt er zu mir: Nun können Sie den Brocken sehn, ich trat ans Fenster und er lag vor mir klar wie mein Gesicht im Spiegel, da ging mir das Herz auf und ich rief: Und ich sollte nicht hinaufkommen! haben Sie keinen Knecht, niemanden – Und er sagte ich will mit Ihnen gehn. – – Ich habe ein Zeichen ins Fenster geschnitten zum Zeugnis meiner Freuden Tränen und wär's nicht an Sie hielt ich's für Sünde es zu schreiben. Ich hab's nicht geglaubt bis auf der obersten Klippe. Alle Nebel lagen unten, und oben war herrliche Klarheit und heute Nacht bis früh war er im Mondschein sichtbar und finster auch in der Morgendämmrung da ich aufbrach. Adieu. Morgen geh ich von hier weg. Sie hören nun aus andren Gegenden von mir. Fühlen Sie etwa Beruf mir zu schreiben geben Sie's nur Philippen, dem hab ich eine Adresse gemeldet.

Adieu Liebste. Grüßen Sie Steinen und die Waldnern, aber niemanden wo ich bin. Adieu.

G.

Harzreise im Winter

Dem Geier gleich,
Der auf schweren Morgenwolken
Mit sanftem Fittich ruhend
Nach Beute schaut,
Schwebe mein Lied.

Denn ein Gott hat
Jedem seine Bahn
Vorgezeichnet,
Die der Glückliche
Rasch zum freudigen
Ziele rennt:
Wem aber Unglück
Das Herz zusammenzog,
Er sträubt vergebens
Sich gegen die Schranken
Des ehernen Fadens,
Den die doch bittre Schere
Nur einmal löst.

In Dickichtsschauer
Drängt sich das raue Wild,
Und mit den Sperlingen
Haben längst die Reichen
In ihre Sümpfe sich gesenkt.

Leicht ist's, folgen dem Wagen,
Den Fortuna führt,
Wie der gemächliche Tross
Auf gebesserten Wegen
Hinter des Fürsten Einzug.

Aber abseits, wer ist's?
Ins Gebüsch verliert sich sein Pfad,
Hinter ihm schlagen
Die Sträuche zusammen,
Das Gras steht wieder auf,
Die Öde verschlingt ihn.

Ach, wer heilet die Schmerzen
Des, dem Balsam zu Gift ward?
Der sich Menschenhass
Aus der Fülle der Liebe trank?
Erst verachtet, nun ein Verächter,
Zehrt er heimlich auf
Seinen eignen Wert
In ungnügender Selbstsucht.

Ist auf deinem Psalter,
Vater der Liebe, ein Ton
Seinem Ohre vernehmlich,
So erquicke sein Herz!
Öffne den umwölkten Blick
Über die tausend Quellen
Neben dem Durstenden
In der Wüste.

Der du der Freuden viel schaffst,
Jedem ein überfließend Maß,
Segne die Brüder der Jagd
Auf der Fährte des Wilds
Mit jugendlichem Übermut
Fröhlicher Mordsucht,
Späte Rächer des Unbills,
Dem schon Jahre vergeblich
Wehrt mit Knütteln der Bauer.

Aber den Einsamen hüll
In deine Goldwolken!
Umgib mit Wintergrün,
Bis die Rose wieder heranreift,
Die feuchten Haare,
O Liebe, deines Dichters!

Mit der dämmernden Fackel
Leuchtest du ihm
Durch die Furten bei Nacht,
Über grundlose Wege
Auf öden Gefilden;
Mit dem tausendfarbigen Morgen
Lachst du ins Herz ihm;
Mit dem beizenden Sturm
Trägst du ihn hoch empor;
Winterströme stürzen vom Felsen
In seine Psalmen,
Und Altar des lieblichsten Danks
Wird ihm des gefürchteten Gipfels
Schneebehangner Scheitel,

Den mit Geisterreihen
Kränzten ahnende Völker.

Du stehst mit unerforschtem Busen
Geheimnisvoll offenbar
Über der erstaunten Welt,
Und schaust aus Wolken
Auf ihre Reiche und Herrlichkeit,
Die du aus den Adern deiner Brüder
Neben dir wässerst.

Freude des Schenkens

»Die reinste Freude die man an einer geliebten Person finden kann, ist die, zu sehen, dass sie andere erfreut.«

Aus meinem Leben. Dichtung und Wahrheit

Christgeschenk

Mein süßes Liebchen! Hier in Schachtelwänden
Gar mannigfalt geformte Süßigkeiten.
Die Früchte sind es heilger Weihnachtszeiten,
Gebackne nur, den Kindern auszuspenden!

Dir möcht ich dann mit süßem Redewenden
Poetisch Zuckerbrot zum Fest bereiten;
Allein was soll's mit solchen Eitelkeiten?
Weg den Versuch, mit Schmeichelei zu blenden!

Doch gibt es noch ein Süßes, das vom Innern
Zum Innern spricht, genießbar in der Ferne,
Das kann nur bis zu dir hinüberwehen.

Und fühlst du dann ein freundliches Erinnern,
Als blinkten froh dir wohlbekannte Sterne,
Wirst du die kleinste Gabe nicht verschmähen.

So viel schöne Dinge

... hatte Goethe im Dezember 1814 von Charlotte von Stein zu Weihnachten bekommen, was er ihr in Form von Versen dankte.

Gegen so viel schöne Dinge
Weiß ich nicht was ich dir bringe.
Späne, die sich leicht entzünden,
Licht, in dunkler Nacht zu finden;
Becher, die den Wein verbessern,
Feinde von gefüllten Fässern;
Süßigkeit auf Süßigkeiten!
Alles kann nur Glück bedeuten,
Welches all, im nächsten Jahre,
Holde Geberin, erfahre.

Weihnachtlicher Tauschhandel

Der Schweizer Privatgelehrte Frédéric Jacob Soret (1795–1865) wusste eine weihnachtliche Anekdote zu erzählen, die zeigt, wie bestechlich Goethe sein konnte. Doch für ein paar köstliche »Cedraten«, wie er die Zitronatzitronen nannte, zückte selbst der Weimarer Gelehrte gerne die Feder.

1828, 3. Dezember.

Heute hatte ich mit Goethen einen anmutigen Spaß ganz besonderer Art. Madame Duval zu Cartigny im Kanton Genf nämlich, die sehr geschickt in Zubereitung von Konfitüren ist, hatte mir als Produkte ihrer Kunst einige Cedraten für die Frau Großfürstin und Goethe geschickt, völlig überzeugt, dass ihre Konfitüren alle andern so weit übertreffen, als die Gedichte Goethes diejenigen der meisten seiner deutschen Mitbewerber.

Die älteste Tochter jener Dame hatte nun schon längst eine Handschrift Goethes gewünscht, worauf es mir einfiel, dass es klug sein würde, durch die süße Lockspeise der Cedraten Goethe zu einem Gedicht für meine junge Freundin anzukörnen.

Mit der Miene eines mit einem wichtigen Geschäft beauftragten Diplomaten ging ich daher zu ihm und unterhandelte mit ihm als Macht gegen Macht, indem ich für die offerierten Cedraten ein Originalgedicht seiner Hand zur Bedingung machte. Goethe lachte über diesen Scherz, den er sehr wohl aufnahm, und sich so gleich die Cedraten erbat, die er ganz vortrefflich fand. Wenige Stunden darauf war ich sehr überrascht, folgende Verse als ein Weihnachtsgeschenk für meine junge Freundin ankommen zu sehen:

Glücklich Land, allwo Cedraten
Zur Vollkommenheit geraten
Und zu reizendem Genießen
Kluge Frauen sie durchsüßen! usw.

Als ich ihn wiedersah, scherzte er über den Vorteil, den er jetzt aus seinem poetischen Metier zu ziehen im Stande sei, während er in seiner Jugend zu seinem ›Götz‹ keinen Verleger habe finden können. »Ihren Handelsvertrag,« sagte er, »nehme ich an; wenn meine Cedraten verschmaust sein werden, vergessen Sie ja nicht andere zu kommandieren, ich werde pünktlich mit meinen poetischen Wechseln zahlen.«

Ein Fest für Kinder

Der Weihnachtsbaum war mütterlich geschmückt,
Die Kinder harrten mit Verlangen,
Und das Ersehnte wird herangerückt,
Das holde Fest wird glanzvoll früh begangen.
Was Kinder fühlen wissen wir nicht leicht! –

Dezember als Mutter, mit zwei Kindern.

Weihnachtskinder

Der Winter ist den Kindern hold,
die Jüngsten sind's gewohnt.
Ein Engel kommt, die Flüglein Gold,
Der guten Kindern lohnt.
Sie sind geschickt, sie sind bereit
Zu mancher Jahre Lauf;
Nun sind wir fromm auf Lebenszeit;
Der Himmel tat sich auf.
Sie kommen, bringen, groß wie mild,
Ein einzig Weihnachtsfest;
Auf Erden bleibet Ihr sein Bild,
Auch uns im Herzen fest.

Ich weiß, wir dürfen Dir uns nahn,
Uns gönnst Du jede Zeit,
Wie selig ist es zu empfahn,
Und Dank ist Seligkeit.
Bedürfnis macht die Kinder gleich.
Sie blickt und hilft geschwind.
Denn hoch und niedrig, arm und reich
Das alles ist Ihr Kind.

Das Puppenspiel

Schöne Kindheitserinnerungen verbindet Goethe mit der Vorweihnachtszeit. Vor allem seine Großmutter Cornelia (1668–1754) machte ihm durch ein Puppenspiel eine ganz besondere Freude. In Dichtung und Wahrheit *denkt er an diese Zeit zurück.*

Gewöhnlich hielten wir uns in allen unsern Freistunden zur Großmutter, in deren geräumigem Wohnzimmer wir hinlänglich Platz zu unsern Spielen fanden. Sie wusste uns mit allerlei Kleinigkeiten zu beschäftigen, und mit allerlei guten Bissen zu erquicken. An einem Weihnachtsabende jedoch setzte sie allen ihren Wohltaten die Krone auf, indem sie uns ein Puppenspiel vorstellen ließ, und so in dem alten Hause eine neue Welt erschuf. Dieses unerwartete Schauspiel zog die jungen Gemüter mit Gewalt an sich; besonders auf den Knaben machte es einen sehr starken Eindruck, der in eine große langdauernde Wirkung nachklang.

Die kleine Bühne mit ihrem stummen Personal, die man uns anfangs nur vorgezeigt hatte, nachher aber zu eigner Übung und dramatischer Belebung übergab, musste uns Kindern um so viel werter sein, als es das letzte Vermächtnis unserer guten Großmutter war, die bald darauf durch zunehmende Krankheit unsern Augen erst entzogen, und dann für immer durch den Tod entrissen wurde.

Zauberei zwischen zwei Türpfosten

Später wird Goethe seine Erinnerungen an das Puppenspiel sogar literarisch aufbereiten: In Wilhelm Meisters theatralische Sendung *dürfen sich die Kinder über ein ganz ähnliches Schauspiel freuen.*

Es war einige Tage vor dem Christabend 174–, als Benedikt Meister, Bürger und Handelsmann zu M–, einer mittleren Reichsstadt, aus seinem gewöhnlichen Kränzchen abends gegen achte nach Hause ging. Es hatte sich wider die Gewohnheit die Tarockpartie früher geendigt, und es war ihm nicht ganz gelegen, dass er so zeitlich in seine vier Wände zurückkehren sollte, die ihm seine Frau eben nicht zum Paradiese machte. Es war noch Zeit bis zum Nachtessen, und so einen Zwischenraum pflegte sie ihm nicht mit Annehmlichkeiten auszufüllen, deswegen er lieber nicht ehe zu Tische kam, als wenn die Suppe schon etwas überkocht hatte.

Er ging langsam und dachte so dem Bürgermeisteramte nach, das er das letzte Jahr geführt hatte, und dem Handel und den kleinen Vorteilen, als er eben im Vorbeigehen seiner Mutter Fenster sehr emsig erleuchtet sah. Das alte Weib lebte, nachdem sie ihren Sohn ausgestattet und ihm ihre Handlung übergeben hatte, in einem kleinen Häuschen zurückgezogen, wo sie nun vor sich allein mit einer Magd bei ihren reichlichen Renten sich wohlbefand, ihren Kindern und Enkeln mitunter was zugutetat, ihnen aber das Beste bis nach ihrem Tode aufhub, wo sie hoffte, dass sie gescheuter sein sollten, als sie bei ihrem Leben nicht hatte sehen können. Meister war durch einen geheimen Zug nach dem Hause geführt, da ihm, als er angepocht hatte, die

Magd hastig und geheimnisvoll die Türe öffnete und ihn zur Treppe hinaufbegleitete. Er fand, als er zur Stubentüre hineintrat, seine Mutter an einem großen Tische mit Wegräumen und Zudecken beschäftigt, die ihm auf seinen Guten Abend mit einem »Du kommst mir nicht ganz gelegen« antwortete; »weil du nun einmal da bist, so magst du's wissen, da sieh, was ich zurechtmache«, sagte sie und hob die Servietten auf, die übers Bett geschlagen waren, und tat zugleich einen Pelzmantel weg, den sie in der Eile übern Tisch gebreitet hatte, da nun denn der Mann eine Anzahl spannenlanger, artig gekleideter Puppen erblickte, die in schöner Ordnung, die beweglichen Drähte an den Köpfen befestigt, nebeneinanderlagen und nur den Geist zu erwarten schienen, der sie aus ihrer Untätigkeit regen sollte. »Was gibt denn das, Mutter?« sagte Meister. – »Einen heiligen Christ vor deine Kinder!« antwortete die Alte; »wenn's ihnen so viel Spaß macht als mir, eh ich sie fertig kriegte, soll mir's lieb sein.« Er besah's eine Zeit lang, wie es schien, sorgfältig, um ihr nicht gleich den Verdruss zu machen, als hielte er ihre Arbeit vergeblich. »Liebe Mutter«, sagte er endlich, »Kinder sind Kinder, Sie macht sich zu viel zu schaffen, und am Ende seh ich nicht, was es nutzen soll.« – »Sei nur stille«, sagte die Alte, indem sie die Kleider der Puppen, die sich etwas verschoben hatten, zurechtrückte, »lass es nur gut sein, sie werden eine rechte Freude haben, es ist so hergebracht bei mir, und das weißt du auch, und ich lasse nicht davon; wie ihr klein wart, wart ihr immer drin vergakelt und trugt euch mit euern Spiel- und Naschsachen herum die ganze Feiertage; euere Kinder sollen's nun auch so wohl haben, ich bin Großmutter und weiß, was ich zu tun habe.« – »Ich will Ihr's nicht verderben«, sagte Meister, »ich denke nur, was soll den Kindern, dass man's ihnen heut oder morgen gibt; wenn sie was brauchen, so geb ich's ihnen, was braucht's da heiliger Christ zu? Da sind Leute, die lassen ihre Kinder verlumpen und sparen's bis auf den Tag.« – »Benedikt«, sagte die Alte, »ich habe ihnen Puppen geputzt und habe ihnen eine Komödie zurechtgemacht, Kinder müssen Komödien haben und Puppen. Es war Euch auch in Eurer Jugend so, Ihr habt mich um manchen Batzen gebracht, um den Doktor Faust und das Mohrenballett zu sehen; ich weiß nun nicht, was Ihr mit Euern Kindern wollt, und warum ihnen nicht so gut werden soll wie Euch.«

»Wer ist denn das?« sagte Meister, indem er eine Puppe aufhub. – »Verwirrt mir die Drähte nicht«, sagte die Alte, »es ist mehr Mühe, als Ihr denkt, bis man's so zusammenkriegt. Seht nur, das da ist König Saul. Ihr müsst nicht denken, dass ich was umsonst ausgebe; was Läppchen sind, die hab ich all in meinem Kasten, und das bisschen falsch Silber und Gold, das drauf ist, das kann ich wohl dran wenden.« – »Die Püppchen sind recht hübsch«, sagte Meister. – »Das denk ich«, lächelte die Alte, »und kosten doch nicht viel. Der alte, lahme Bildhauer Merks, der mir Interessen schuldig ist von seinem Häuschen so lang, hat mir Hände, Füße und Gesichter ausschneiden müssen, kein Geld krieg ich doch nicht von ihm und vertreiben kann ich ihn nicht, er sitzt schon seit meinem seligen Mann her und hat immer richtig eingehalten bis zu seiner zwoten, unglücklichen Heurat.« – »Dieser in schwarzem Samt und der goldenen Krone, das ist Saul?« fragte Meister; »wer sind denn die andern?« – »Das solltest du *so* sehen«, sagte die Mutter. »Das hier ist Jonathan, der hat Gelb und Rot, weil er jung ist und flatterig, und hat einen Turban auf. Der oben ist Samuel, der hat mir am meisten Mühe gemacht mit dem Brustschildchen. Sieh den Leibrock, das ist ein schieler[3] Taft, den ich auch noch als Jungfer getragen habe.« – »Gute Nacht«, sagte Meister, »es schlägt just achte.« – »Sieh nur noch den David!« sagte die Alte. »Ah der ist schön, der ist ganz geschnitzt und hat rote Haare; sieh, wie klein er ist und hübsch.« – »Wo ist denn nun der Goliath?« sagte Meister; »der wird doch nun auch kommen.« – »Der ist noch nicht fertig«, sagte die Alte. »Das muss ein Meisterstück werden. Wenn's nur erst alles fertig ist. Das Theater macht mir der Konstabler-Lieutenant fertig, mit seinem Bruder; und hinten zum Tanz, da sind Schäfer und Schäferinnen, Mohren und Mohrinnen, Zwerge und Zwerginnen, es wird recht hübsch werden! Lass es nur gut sein, und sag zu Hause nichts davon und mach nur, dass dein Wilhelm nicht hergelaufen kommt; der wird eine rechte Freude haben, denn ich denk's noch, wie ich ihn die letzte Messe ins Puppenspiel schickte, was er mir alles erzählt hat, und wie er's begriffen hat.« – »Sie gibt sich zu viel Mühe«, sagte Meister, indem er nach der Türe griff. – »Wenn man sich um der Kinder willen keine Mühe gäbe, wie wärt Ihr groß geworden?« sagte die Großmutter.

Die Magd nahm ein Licht und führt' ihn hinunter. –

[…]

Der Christabend nahte heran in seiner vollen Feierlichkeit. Die Kinder liefen den ganzen Tag herum und standen am Fenster, in ängstlicher Erwartung, dass es nicht Nacht wer-

3 *schieler:* schillernd.

den wollte. Endlich rief man sie, und sie traten in die Stube, wo jedem sein wohlerleuchtetes Anteil zu höchstem Erstaunen angewiesen ward. Jeder hatte von dem Seinigen Besitz genommen und war nach einem Zeit lang Angaffen im Begriff, es in eine Ecke und in seine Gewahrsam zu bringen, als ein unerwartetes Schauspiel sich vor ihren Augen auftat. Eine Tür, die aus einem Nebenzimmer hereinging, öffnete sich, allein nicht wie sonst zum Hin- und Widerlaufen; der Eingang war durch eine unerwartete Festlichkeit ausgefüllt, ein grüner Teppich, der über einem Tisch herabhing, bedeckte fest angeschlossen den unteren Teil der Öffnung, von da auf baute sich ein Portal in die Höhe, das mit einem mystischen Vorhang verschlossen war, und was von da auf die Türe noch zu hoch sein mochte, bedeckte ein Stück dunkelgrünes Zeug und beschloss das Ganze. Erst standen sie alle von fern, und wie ihre Neugierde größer wurde, um zu sehen, was Blinkendes sich hinter dem Vorhang verbergen möchte, wies man jedem sein Stühlchen an und gebot ihnen freundlich, in Geduld zu erwarten. Wilhelm war der Einzige, der in ehrerbietiger Entfernung stehen blieb und sich's zwei-, dreimal von seiner Großmutter sagen ließ, bis er auch sein Plätzchen einnahm. So saß nun alles und war still, und mit dem Pfiff rollte der Vorhang in die Höhe und zeigte eine hochrot gemalte Aussicht in den Tempel. Der Hohepriester Samuel erschien mit Jonathan, und ihre wechselnden Stimmen vergeisterten ganz ihre kleinen Zuschauer. Endlich trat Saul auf in großer Verlegenheit über die Impertinenz, womit der schwerlötige Kerl ihn und die Seinigen ausgefordert hatte – wie wohl ward's da unserm Wilhelm, der alle Worte abpasste und bei allem zugegen war, als der zwerggestaltete, raupigte

Sohn Isai mit seinem Schäferstab und Hirtentasche und Schleuder hervortrat und sprach: »Großmächtigster König und Herr Herr! es entfalle keinem der Mut um dessentwillen; wenn Ihro Majestät mir erlauben wollen, so will ich hingehen und mit dem gewaltigen Riesen in den Streit treten.« Dieser Aktus endigte sich. Die übrigen Kleinen waren alle vergakelt, Wilhelm allein erwartete das Folgende und sann drauf; er war unruhig, den großen Riesen zu sehen, und wie alles ablaufen würde.

Der Vorhang ging wieder auf. David weihte das Fleisch des Ungeheuers den Vögeln unter dem Himmel und den Tieren auf dem Felde. Der Philister sprach Hohn, stampfte viel mit beiden Füßen, fiel endlich wie ein Klotz und gab der ganzen Sache einen herrlichen Ausschlag. Wie dann nachher die Jungfrauen sungen: »Saul hat tausend geschlagen, David aber zehentausend«, und der Kopf des Riesen vor dem kleinen Überwinder hergetragen wurde, und er davor die schöne Königstochter zur Gemahlin kriegte, verdross es Wilhelmen doch bei aller Freude, dass der Glücksprinz so zwergenmäßig gebildet wäre. Denn nach der Idee vom großen Goliath und kleinen David hatte die liebe Großmutter nichts verfehlt, um beide recht charakteristisch zu machen. Die dumpfe Aufmerksamkeit der übrigen Geschwister dauerte ununterbrochen fort, Wilhelm aber geriet in eine Nachdenklichkeit, darüber er das Ballett von Mohren und Mohrinnen, Schäfern und Schäferinnen, Zwergen und Zwerginnen nur wie im Schatten vor sich hingaukeln sah. Der Vorhang fiel zu, die Türe schloss sich, und die ganze kleine Gesellschaft war wie betrunken taumelnd und begierig, ins Bett zu kommen; nur Wilhelm, der aus Gesellschaft mit musste, lag allein, dunkel über das

Vergangene nachdenkend, unbefriedigt in seinem Vergnügen, voller Hoffnungen, Drang und Ahndung.

[...]

Den andern Tag war eben alles wieder verschwunden, der mystische Schleier war aufgehoben, man ging durch diese Türe wieder frei aus einer Stube in die andre, aus der abends vorher so viel Abenteuer geleuchtet hatten. Die übrigen liefen mit ihren Spielsachen auf und ab, Wilhelm allein schlich hin und her, als wenn er eine verlorne Liebe suchte, als wenn er's fast unmöglich glaubte, dass da nur zwei Türpfosten sein sollten, wo gestern so viel Zauberei gewesen war.

Ich komme bald …

Ich komme bald, ihr goldnen Kinder,
Vergebens sperret uns der Winter
In unsre warmen Stuben ein.

Wir wollen uns zum Feuer setzen,
Und tausendfältig uns ergötzen,
Uns lieben wie die Engelein.

Wir wollen kleine Kränzchen winden,
Wir wollen kleine Sträußchen binden,
Und wie die kleinen Kinder sein.

Werther und Weihnachten

»So eine wahre warme Freude ist nicht in der Welt, als eine große Seele zu sehen, die sich gegen einen öffnet.«

Die Leiden des jungen Werthers

Wachslichter, Zuckerwerk und Äpfel

Kommt einem Goethes Werther *in den Sinn, denkt man sicherlich nicht als Erstes an Weihnachten. Dabei begeht Werther seinen berühmten Freitod um Mitternacht vor Heiligabend. Davor hatte er seiner Lotte noch einen letzten Besuch abgestattet, vor einem aufgeputzten Baum mit Wachslichtern, Zuckerwerk und Äpfeln – eine der ersten literarischen Erwähnungen des Weihnachtsbaums überhaupt.*

An eben dem Tage, es war der Sonntag vor Weihnachten, kam er abends zu Lotten, und fand sie allein. Sie beschäftigte sich, einige Spielwerke in Ordnung zu bringen, die sie ihren kleinen Geschwistern zum Christgeschenke zurechtgemacht hatte. Er redete von dem Vergnügen, das die Kleinen haben würden, und von den Zeiten, da einen die unerwartete Öffnung der Türe, und die Erscheinung eines aufgeputzten Baums mit Wachslichtern, Zuckerwerk und Äpfeln, in paradiesische Entzückung setzte. Sie sollen, sagte Lotte, indem sie ihre Verlegenheit unter ein liebes Lächeln verbarg: Sie sollen auch beschert kriegen, wenn Sie recht geschickt sind, ein Wachsstöckgen und noch was. Und was heißen Sie geschickt sein? rief er aus, wie soll ich sein, wie kann ich sein, beste Lotte? Donnerstagabend, sagte sie, ist Weihnachtsabend, da kommen die Kinder, mein Vater auch, da kriegt jedes das Seinige, da kommen Sie auch – aber nicht eher. – Werther stutzte! – Ich bitte Sie, fuhr sie fort, es ist nun einmal so, ich bitte Sie um meiner Ruhe willen, es kann nicht, es kann nicht so bleiben! – Er wendete seine Augen von ihr, ging in der Stube auf und ab, und murmelte das: es kann nicht so bleiben! zwischen den

Zähnen. Lotte, die den schröcklichen Zustand fühlte, worin ihn diese Worte versetzt hatten, suchte durch allerlei Fragen seine Gedanken abzulenken, aber vergebens: Nein, Lotte, rief er aus: ich werde Sie nicht wieder sehn! – Warum das? versetzte sie, Werther, Sie können, Sie müssen uns wiedersehen, nur mäßigen Sie sich. O! warum mussten Sie mit dieser Heftigkeit, dieser unbezwinglich haftenden Leidenschaft für alles, das Sie einmal anfassen, geboren werden. Ich bitte Sie, fuhr sie fort, indem sie ihn bei der Hand nahm, mäßigen Sie sich, Ihr Geist, Ihre Wissenschaft, Ihre Talente, was bieten die Ihnen für mannigfaltige Ergötzungen dar! sein Sie ein Mann, wenden Sie diese traurige Anhänglichkeit von einem Geschöpfe, das nichts tun kann als Sie bedauren. – Er knirrte mit den Zähnen, und sah sie düster an. Sie hielt seine Hand: Nur einen Augenblick ruhigen Sinn, Werther, sagte sie. Fühlen Sie nicht, dass Sie sich betrügen, sich mit Willen zu Grunde richten? Warum denn mich! Werther! Just mich! das Eigentum eines andern. Just das! Ich fürchte, ich fürchte, es ist nur die Unmöglichkeit mich zu besitzen, die Ihnen diesen Wunsch so reizend macht. Er zog seine Hand aus der ihrigen, indem er sie mit einem starren unwilligen Blicke ansah. Weise! rief er, sehr weise! hat vielleicht Albert diese Anmerkung gemacht? Politisch! sehr politisch! – Es kann sie jeder machen, versetzte sie drauf. Und sollte denn in der weiten Welt kein Mädgen sein, das die Wünsche Ihres Herzens erfüllte. Gewinnen Sie's über sich, suchen Sie darnach, und ich schwöre Ihnen, Sie werden sie finden. Denn schon lange ängstet mich für Sie und uns die Einschränkung, in die Sie sich diese Zeit her selbst gebannt haben. Gewinnen Sie's über sich! Eine Reise wird Sie, muss Sie zerstreuen!

Suchen Sie, finden Sie einen werten Gegenstand all Ihrer Liebe, und kehren Sie zurück, und lassen Sie uns zusammen die Seligkeit einer wahren Freundschaft genießen.

Das könnte man, sagte er mit einem kalten Lachen, drucken lassen, und allen Hofmeistern empfehlen. Liebe Lotte, lassen Sie mir noch ein klein wenig Ruh, es wird alles werden. – Nur das Werther! dass Sie nicht eher kommen als Weihnachtsabend! –

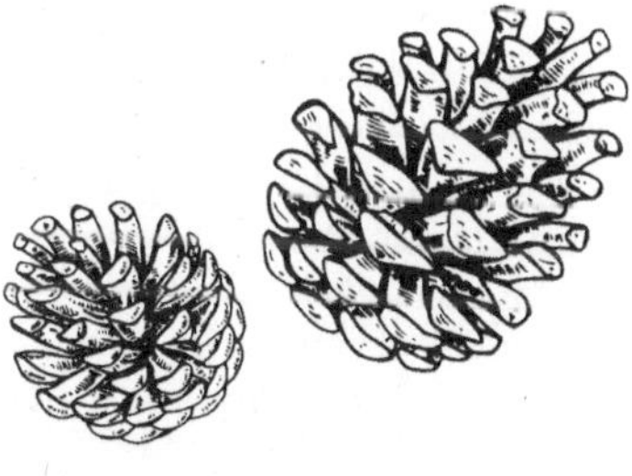

Denkt an mich

Vorbild für Werthers Lotte war Charlotte Buff (1753–1828): Im Sommer 1772 hatte sich Goethe in Wetzlar in die junge Frau verliebt, die jedoch bereits mit dem hannoverschen Gesandtschaftssekretär Johann Christian Kestner (1741–1800) verlobt gewesen war. Doch Goethe war nicht der unglückliche Werther, und an die Stelle seiner Liebe ließ er ein freundschaftliches Gefühl treten – wovon zwei bewegende Weihnachtsbriefe Goethes an Kestner zeugen. Jahre später sollte es allerdings doch noch zum Bruch kommen, da sich die Kestners in Albert und Lotte allzu deutlich wiedererkannten …

[Frankfurt, 25. Dezember 1772.]

Christtag früh. Es ist noch Nacht lieber Kestner, ich bin aufgestanden um bei Lichte morgens wieder zu schreiben, das mir angenehme Erinnerungen voriger Zeiten zurückruft; ich habe mir Coffee machen lassen den Festtag zu ehren und will euch schreiben bis es Tag ist. Der Türmer hat sein Lied schon geblasen ich wachte darüber auf. Gelobet seist du Jesu Christ. Ich hab diese Zeit des Jahrs gar lieb, die Lieder, die man singt; und die Kälte, die eingefallen ist, macht mich vollends vergnügt. Ich habe gestern einen herrlichen Tag gehabt, ich fürchtete für den heutigen, aber der ist auch gut begonnen und da ist mir's fürs Enden nicht Angst. Gestern Nacht versprach ich schon meinen lieben zwei Schattengesichtern euch zu schreiben, sie schweben um mein Bett wie Engel Gottes. Ich hatte gleich bei meiner Ankunft Lottens Silhouette angesteckt, wie ich in Darmstadt war stellen sie mein Bett herein und siehe Lottens Bild steht zu Häupten das freute mich sehr, Lenchen[4] hat jetzt die andre Seite ich dank euch Kestner für das liebe Bild, es stimmt weit mehr mit dem überein was ihr mir von ihr schreibt als alles was ich imaginiert hatte; so ist es nichts mit uns die wir raten phantasieren und weissagen. Der Türmer hat sich wieder zu mir gekehrt, der Nordwind bringt mir seine Melodie, als blies er vor meinem Fenster. Gestern lieber Kestner war ich mit einigen guten Jungens auf dem Lande, unsre Lustbarkeit war sehr laut, und Geschrei und Gelächter von Anfang zu Ende. Das taugt sonst nichts für die kommende Stunde, doch was können die heiligen Götter nicht wenden wenn's Ihnen beliebt, sie gaben mir einen frohen Abend, ich hatte keinen Wein getrunken, mein Aug war ganz unbefangen über die Natur. Ein schöner Abend, als wir zurückgingen es ward Nacht. Nun muss ich dir sagen das ist immer eine Sympathie für meine Seele wenn die Sonne lang hinunter ist und die Nacht von Morgen herauf nach Nord und Süd um sich gegriffen hat, und nur noch ein dämmernder Kreis vom Abend heraufleuchtet. Seht Kestner wo das Land flach ist ist's das herrlichste Schauspiel, ich habe jünger und wärmer Stunden lang so ihr zugesehn hinabdämmern auf meinen Wandrungen. Auf der Brücke hielt ich still. Die düstre Stadt zu beiden Seiten, der still leuchtende Horizont, der Widerschein im Fluss machte einen köstlichen Eindruck in meine Seele den ich mit beiden Armen umfasste. Ich lief zu den Gerocks[5] lies mir Bleistift ge-

4 *Lenchen:* Kosename für die jüngste Schwester von Charlotte Buff.
5 *Gerocks:* Familie Johann Georg Gerock, die mit der Familie Goethe befreundet war.

ben und Papier, und zeichnete zu meiner großen Freude, das ganze Bild so dämmernd warm als es in meiner Seele stand. Sie hatten alle Freude mit mir darüber empfanden alles was ich gemacht hatte und da war ich's erst gewiss, ich bot ihnen an drum zu würfeln, sie schlugen's aus und wollen ich soll's Mercken[6] schicken. Nun hängt's hier an meiner Wand, und freut mich heute wie gestern. Wir hatten einen schönen Abend zusammen wie Leute denen das Glück ein großes Geschenk gemacht hat, und ich schlief ein den Heiligen im Himmel dankend, dass sie uns Kinderfreude zum Christ bescheren wollen. Als ich über den Markt ging und die vielen Lichter und Spielsachen sah dacht ich an euch und meine Bubens wie ihr ihnen kommen würdet, diesen Augenblick ein himmlischer Bote mit dem blauen Evangelio, und wie aufgerollt sie das Buch erbauen werde. Hätt ich bei euch sein können ich hätte wollen so ein Fest Wachsstöcke illuminieren, dass es in den kleinen Köpfen ein Widerschein der Herrlichkeit des Himmels geglänzt hätte. Die Torschließer kommen vom Bürgermeister, und rasseln mit Schlüsseln. Das erste Grau des Tags kommt mir über des Nachbars Haus und die Glocken läuten eine Christliche Gemeinde zusammen. Wohl ich bin erbaut hier oben auf meiner Stube, die ich lang nicht so lieb hatte als jetzt. Sie ist mit den glücklichsten Bildern ausgeziert die mir freundlichen guten Morgen sagen. Sieben Köpfe nach Raphael, eingegeben vom lebendigen Geiste, einen davon hab ich nachgezeichnet und bin zufrieden mit ob gleich nicht so froh. Aber meine lieben Mädgen. Lotte ist

6 *Mercken:* Johann Heinrich Merck (1741–1791), Darmstädter Herausgeber, Redakteur und Naturforscher.

auch da und Lenchen auch. Sagen Sie Lenchen ich wünschte so sehnlich zu kommen und ihr die Hände zu küssen als der Musier der so herzinnigliche Briefe schreibt. Das ist gar ein armseliger Herre. Ich wollte meiner Tochter ein Deckbette mit solchen Billetdous[7] füttern und füllen, und sie sollte so ruhig drunter schlafen wie ein Kind. Meine Schwester hat herzlich gelacht, sie hat von ihrer Jugend her auch noch dergleichen. Was ein Mädgen ist von gutem Gefühl müssen dergleichen Sachen zuwider sein wie ein stinkig Ei. Der Kamm ist vertauscht, nicht so schön an Farb und Gestalt als der erste, hoffe doch brauchbarer. Lotte hat ein klein Köpfgen, aber es ist ein Köpfgen.

Der Tag kömmt mit Macht, wenn das Glück so schnell im Avanzieren ist, so machen wir balde Hochzeit. Noch eine Seite muss ich schreiben so lang tu ich als säh ich's Tageslicht nicht.

Grüßt mir Kielmansegg[8]. Er soll mich liebbehalten.

[...]

Nun Adieu, es ist hell Licht. Gott sei bei euch, wie ich bei euch bin. Der Tag ist festlich angefangen. Leider muss ich nun die schönen Stunden mit Rezensieren verderben ich tu's aber mit gutem Muth denn es ist fürs letzte Blatt.

Lebt wohl und denkt an mich das seltsame Mittelding zwischen dem reichen Mann und dem armen Lazarus.

Grüßt mir die Lieben alle. Und lasst von euch hören.

7 *Billetdous: Billet doux*: Liebesbrief.

8 *Kielmansegg:* Reichsfreiherr Christian Albrecht von Kielmannsegg (1748–1811).

Ein Jahr später

Am ersten Christtage, morgens nach sechs.
[Frankfurt 1773.]

Es ist ein Jahr dass ich um eben die Stunde an euch schrieb meine Lieben, wie manches hat sich verändert seit der Zeit.

Ich hab euch lange nicht geschrieben, das macht dass es bunt um mich zugeht.

Ich danke dir liebe Lotte dass du mir für meine Spinnweben einen Brief geschenkt hast. Wenn ich das gehofft hätte wäre mein Geschenk eigennützig gewesen. Ich habe ihn wohl hundertmal geküsst. Es gibt Augenblicke wo man erst merkt wie lieb man seine Freunde hat.

Ich kann euch die Freude nicht beschreiben die ich hatte *Mercken* wiederzusehn, er kam acht Tage eh ich's vermutete, und saß bei meinem Vater in der Stube ich kam nach Hause, ohne was zu wissen, tret ich hinein und höre seine Stimme eher als ich ihn sehe. Du kennst mich Lotte.

Die Stelle in deinem Brief die einen Wink enthält von möglicher Näherung zu euch, ist mir durch die Seele gegangen. Ach es ist das schon so lange mein Traum als ihr weg seid. Aber es wird wohl auch Traum bleiben. Mein Vater hätte zwar nichts dagegen wenn ich in fremde Dienste ginge, auch hält mich hier weder Liebe noch Hoffnung eines Amts – und so scheint es könnt ich wohl einen Versuch wagen, wieder einmal wie's draußen aussieht.

Aber Kestner, die Talente und Kräfte die ich habe, brauch ich für mich selbst gar zu sehr, ich bin von jeher gewohnt nur nach meinem Instinkt zu handeln, und damit könnte keinem Fürsten gedient sein. Und dann bis ich politische

Subordination lernte – es ist ein verfluchtes Volk, die Frankfurter, pflegt der Präsident v. Moser zu sagen, man kann ihre eigensinnigen Köpfe nirgends hin brauchen. Und wenn auch das nicht wäre, unter all meinen Talenten ist meine Jurisprudenz der geringsten eins. Das bissgen Theorie, und Menschenverstand richten's nicht aus – hier geht meine Praxis mit meinen Kenntnissen Hand in Hand. Ich lerne jeden Tag und haudere mich weiter. – Aber in einem Justiz Collegio – ich habe mich von jeher gehütet ein Spiel zu spielen da ich der unerfahrenste am Tisch war – also – doch möcht ich wissen ob deine Worte etwas mehr als Wunsch und Einfall waren.

Meine Schwester ist brav. Sie lernt leben! und nur bei verwickelten misslichen Fällen erkennt der Mensch was in ihm steckt. Es geht ihr wohl und Schlosser ist der beste Ehemann wie er der zärtlichste und unverrückteste Liebhaber war.

Am Weihnachtsabend

Die Blumen, in den Wintertagen,
Versammeln froh sich hier zuhauf,
Mit heitern Blicken uns zu sagen:
An *ihrem* Fest blüht alles auf.

Inschriften, Denk- und Sendeblätter

Post für den Herzog

Zwei geistreiche Briefe an den Herzog Carl August zu den Weihnachtstagen 1775 lassen nicht nur Goethes erste Weimarer Jahre nachempfinden, sie zeigen auch sein freundschaftliches Verhältnis zum Herzog. Keine Spur von höfischem Zeremoniell: Goethe schreibt entspannt, plaudert fast. Während der Herzog mit seinem Hof in Gotha weilte, hatte sich Goethe mit einigen Hofleuten in ein Forsthaus im Dorf Waldeck bei Bürgel zurückgezogen. Hier verbrachte er die Weihnachtstage. Das »Zigeunerlied«, das ihm wieder in den Sinn kommt, ist ein Gedicht aus der ersten Fassung seines Götz von Berlichingen *(1773).*

[Waldeck, 23.–26. Dezember 1775.]

Dass mir in diesem Winkel der Welt, nachts, in dieser Jahrszeit, mein alt Zigeunerlied wieder einfällt, ist eben so natürlich lieber gnädiger Herr, als dass ich mich gleich hinsetze es Ihnen aufzuschreiben, und hinterdrein einen Brief zu sudeln, denn ich vermisse Sie wahrlich schon, ob wir gleich nicht zwölf Stunden auseinander sind.

Drunten sitzen sie noch, nach aufgehobnem Tische, und schmauchen, und schwatzen dass ich's durch den Boden höre, Einsiedels klingende Stimme voraus. Ich bin heraufgangen, es ist halb neune.

Wind und Wetter hat uns hergetrieben, auch Regen und was dran hängt. Die Kluft nach Jena hinein hat mich in glücklichem Abendsonnenblick mit all ihrer dürren Herrlichkeit angelächelt. Die Lage von Jena selbst mich gefreut, der Ort mich gedruckt, und zwischen da und hier war nicht viel Gaffens, es kam ein Regen aus Italien, wie uns ein Alter versicherte, der mit dem Schubekarrn an uns vorbeifuhr: In Italien sei warm, da komme der warme Wind her, in den Dreißig[9] sei er da gewesen, erzählte er so ganz flüchtig weg. Hier liegen wir recht in den Fichten drein. Bei natürlich guten Menschen. Ich hab Sie etliche mal auf dem Ritt gewünscht, auch hier, es würde Ihnen wohl sein. Unterwegs haben wir in den Schenken den gedruckten Karl August gegrüßt, und haben gefühlt, wie lieb wir Sie haben, dass uns Ihr Name auch neben dem (L. S.)[10] Freude machte. Einsiedel[11] ist zu Bette. Sein Magen liegt schief, Kaffee und Brandwein wollten's nicht bessern. Ich will auch gehn. Gute, herzliche Nacht.

Noch ein Wort eh ich schlafen gehe. Wie ich so in der Nacht gegen das Fichtengebürg ritt; kam das Gefühl der Vergangenheit, meines Schicksals, und meiner Liebe[12] über mich, und sang so bei mir selber:

Holde Lili warst so lang
All mein Lust und all mein Sang
Bist ach nun all mein Schmerz und doch
All mein Sang bist du noch.

—

Nun aber und abermal gute Nacht.

Gehab dich wohl bei den hundert Lichtern
Die dich umglänzen

9 *Dreißig:* in seinem dritten Lebensjahrzehnt.
10 *L. S.: loco sigilli*: anstatt des Siegels.
11 *Einsiedel:* Johann August von Einsiedel (1754–1837).
12 *meiner Liebe:* zu Lili Schönemann.

Und all den Gesichtern
Die dich umschwänzen
Und umkredenzen.
Findst doch nur wahre Freud und Ruh
Bei Seelen grad und treu wie du.
—

Sonntags [24. Dezember.] früh bei Tags Anbruch.

Fatales Tauwetter und so der ganze Ton des Tags verstimmt, wollen sehn wie wir ihn wieder aufbringen. Der herrliche Morgenstern den ich mir von nun an zum Wappen nehme, steht hoch am Himmel. Einsiedel ist in Geilheit stark befangen, ich habe die ganze Nacht von Heerzügen geträumt die alle wohl abgelaufen sind, besonders von einer Reise aus der Schweiz nach Polen, die ich tat den Marschall Saxe[13] zu sehen und unter ihm zu dienen, der eben in meiner Traumwelt noch lebte. Die Kirche geht an, in die wir nicht gehen werden, aber den Pfarrer lass ich fragen ob er die Odyssee nicht hat, und hat er sie nicht schick ich nach Jena. Denn unmöglich ist die zu entbehren hier in der homerisch einfachen Welt. Besonders fielen mir einige Verse ein, und recht auf, da ich heut früh lang ausgeschlafen hatte und es nicht Tag werden wollte, was ohngefähr heißt: Und in ihre Felle gehüllt lagen sie am glimmenden Herde, über ihnen wehte der nasse Sturm durch die unendliche Nacht und lagen und schliefen den erquicklichen Schlaf bis zum spät dämmernden Morgen.

13 *Marschall Saxe:* Moritz von Sachsen (1696–1750), deutscher Feldherr.

Ich muss nach Bürgel zum Rektor schicken um den Homer, hab indes in der Bibel gelesen. Hier ein Stück Jesaias: Siehe, der Herr macht's Land leer und wüste; und wirft um was drinnen ist, und zerstreuet seine Einwohner – der Most verschwindet, die Rebe verschmachtet, und alle die herzlich froh waren, ächzen. Der Pauken Jubel feiert, das festliche Jauchzen verstummt und der Harfen Gesang ist dahin. Niemand singt mehr zum Weintrinken, das beste Getränk ist bitter dem Munde. Die leere Stadt ist zerbrochen, die Häuser sind verschlossen, niemand geht aus und ein. Eitel Wüstung ist in der Stadt, und die Tore stehen öde. Denn im Land und im Volk geht's eben, als wenn ein Ölbaum abgepflückt ist, als wenn man nachlieset so die Weinernte aus ist.

Nun muss ich einen Boten fortschicken der das nach Weimar trägt. Lassen Sie lieber gnädger Herr den Brief nicht sehen als Wedeln. Alles was mich umgibt, Einsiedel, Kalb, Bertuch das ganze Haus legt sich zu Füßen.

Der Pflicht vergessen
Wir Fische nie.[14]

Waldeck d. 24. Dez. 1775.

Goethe.

14 *Wir Fische nie:* Goethe bezieht sich hier auf Christoph Martin Wielands *Wintermärchen*, in dem »Fische« während des Bratens von einer Zauberin an ihre »Pflicht« erinnert werden. Diese Formulierung war im Freundeskreis um Carl August zu einem geflügelten Wort geworden.

Zigeunerlied

Im Nebelgeriesel, im tiefen Schnee,
Im wilden Wald, in der Winternacht,
Ich hörte der Wölfe Hungergeheul,
Ich hörte der Eulen Geschrei:
  Wille wau wau wau!
    Wille wo wo wo!
      Wito hu!

Ich schoss einmal eine Katz am Zaun,
Der Anne, der Hex, ihre schwarze, liebe Katz;
Da kamen des Nachts sieben Werwölf zu mir,
Waren sieben sieben Weiber vom Dorf.
  Wille wau wau wau!
    Wille wo wo wo!
      Wito hu!

Ich kannte sie all, ich kannte sie wohl,
Die Anne, die Ursel, die Käth,
Die Liese, die Barbe, die Ev, die Beth;
Sie heulten im Kreise mich an.
  Wille wau wau wau!
    Wille wo wo wo!
      Wito hu!

Da nannt ich sie alle bei Namen laut:
Was willst du, Anne? was willst du, Beth?
Da rüttelten sie sich, da schüttelten sie sich
Und liefen und heulten davon.
  Wille wau wau wau!
    Wille wo wo wo!
      Wito hu!

Weihnachten bei Georg Wilhelm Lorsbach

Im Jahr 1814 war Goethe bei der Familie des Theologen und Orientalisten Georg Wilhelm Lorsbach (1752–1816) eingeladen. Dass Goethe einen sehr eigenwilligen Humor hatte, stellte er an diesem Abend unter Beweis, von dem der tschechische Dichter Ján Kollár (1793–1852) berichtet.

In Deutschland herrscht die Sitte, dass am Weihnachtsabend die Eltern den Kindern einen mit Bändern, Kerzen, Obst geschmückten Baum bescheren. Einst war auch Goethe am Weihnachtsabend zu dieser Familienfeier bei Professor Lorsbach geladen, welcher eine einzige, schon erwachsene Tochter hatte und für diese im Nebenzimmer einen solchen schönen Weihnachtsbaum mit Äpfeln und andern Geschenken vorbereitet hielt. In einem andern Zimmer wurde indessen musiziert, gesungen, Karten gespielt, mit Goethe gesprochen, aber dabei stahlen sich zwei schelmische Kumpane durch eine andere Türe in das verschlossene Nebenzimmer, beraubten den Baum aller seiner Äpfel und Nüsse, und kehrten, als wäre nichts geschehen, in die Gesellschaft zurück. Schlag 7 kam der Vater, die Tochter an seiner Seite führend, öffnete die Tür und lud die Gesellschaft zum Eintreten in jenes Zimmer mit dem Weihnachtsbaum ein. Wie stutzten und erstarrten alle, da der Baum kahl und leer mitten im Zimmer stand. Goethe blieb vor dem Baume mit auf der Brust verschränkten Händen sinnend stehen, und die ganze Gesellschaft wurde still und wartete, was Goethe dazu sagen würde. Der aber öffnete die Lippen und rief mit scherzhaft pathetischer Stimme:

»Eva, verziehen sei dir! es haben ja Söhne der Weisheit
Rein geplündert den Baum, welchen der Vater gepflanzt.«

Freudiges Händeklatschen, Lachen und Scherze ertönten allseits bei diesen witzigen Versen und verschönerten den ganzen Abend bis in die späte Nacht.

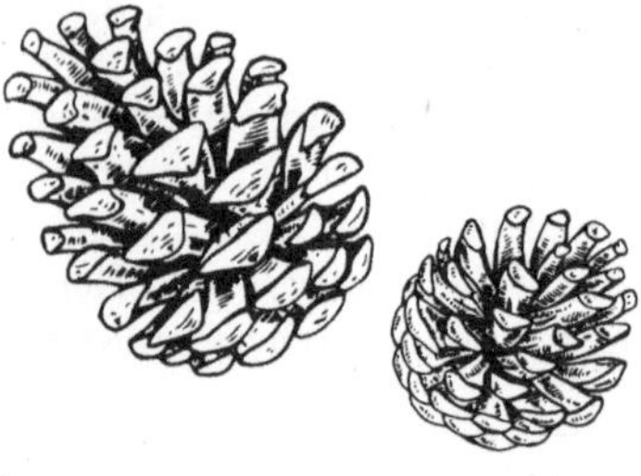

Geburtstagsgrüße zu Weihnachten

Wenn Goethe seiner Vertrauten Charlotte von Stein zu Weihnachten schrieb, dann durfte er ihr gleich die Geburtstagsgrüße mitsenden, denn wie sein Sohn August (1789–1830) war auch sie ein echtes »Christkind« und hatte am 25. Dezember Geburtstag.

An ein Weihnachts-Kind

Den 25. Dezember 1815.

Dass du zugleich mit dem heiligen Christ
An diesem Tage geboren bist,
Und August auch, der werte schlanke,
Dafür ich Gott im Herzen danke,
Dies gibt, in tiefer Winterszeit,
Erwünschteste Gelegenheit
Mit einigem Zucker dich zu grüßen,
Abwesenheit mir zu versüßen,
Der ich, wie sonst, in Sonnenferne,
Im Stillen liebe, leide, lerne.

Weihnachten bei Johanna Schopenhauer

Im Jahr 1806 war Goethe ein gern gesehener Gast bei der Schriftstellerin und Salonnière Johanna Schopenhauer (1766–1838). Er saß der Malerin Caroline Bardua (1781–1864) Porträt, spielte mit den Kindern und ließ sich von Johannas Tochter Adele (1797–1849) die Puppensammlung zeigen. Johanna Schopenhauer berichtet ihrem Sohn Arthur (1788–1860) in einem Brief von den Weihnachtstagen mit Goethe.

III. Gestern [19. (?) Dezember] war mein Zirkel kleiner, aber umso interessanter, obgleich niemand etwas zum Vorlesen mitgebracht hatte. Ich schnitt wieder Blumen aus, und Goethe war beschäftigt, sie zu einem Ofenschirme zu ordnen, den er selbst aufkleben will. Dabei erzählte er Anekdoten aller Art. Die Bardua malt jetzt Goethe; ich glaube fast, er würde mir auch sitzen, wenn ich ihn darum bäte. Den Mut dazu hätte ich wohl, aber wenn's zur Ausführung käme und er mich dann so ernsthaft mit seinen durchdringenden Augen ansähe, dann wäre ich in Gefahr, davonlaufen zu müssen. Also lasse ich es lieber; die Bardua wird mir aber das Bild, welches sehr ähnlich werden soll, kopieren. – Letzt sprach man bei mir vom Latein, wie notwendig es wäre und wie wenig es jetzt gelernt würde. Ich sagte, Du hättest es in Deiner Kindheit durchaus nicht lernen können, obgleich Du lebende Sprachen sehr leicht vollkommen begriffest. Goethe sagte: Es wundere ihn nicht; es wäre ungeheuer schwer, da hälfe keine Methode, die ganze Kindheit müsse darauf zugebracht werden. »Wenn zehn Louisd'or auf einem Tische liegen, kann man sie leicht einstreichen, aber wenn sie tief in einem alten Brunnen liegen und Steine, Schutt und Gebüsch obendrauf, dann ist's ein ander Ding; ein Kind kriegt dann wohl mühsam hinein, aber ein Erwachsener muss es bleiben lassen.« Ich sagte, Du hättest Lust, es noch zu lernen, ich wolle Dir aber abraten. Dies solle ich auch nicht tun, sagte er; es bliebe doch immer etwas hängen, und wenn Du es noch tun wolltest, so wäre es sehr gut und nützlich, obgleich Du es zur Vollkommenheit nicht bringen würdest.

IV. Er ist ein unbeschreibliches Wesen; das Höchste wie das Kleinste ergreift er. So saß er denn an diesem Abend [25. Dezember] eine lange Weile im letzten meiner drei … Zimmer mit Adele … und der jüngsten Conta, einem hübschen, unbefangenen sechzehnjährigen Mädchen. Wir sahen von weitem der lebhaften Konversation zwischen den dreien zu, ohne sie zu verstehen; zuletzt gingen sie alle drei hinaus und kamen lange nicht wieder. Goethe war mit den Kindern in Sophies Zimmer gegangen, hatte sich dort hingesetzt und sich Adeles Herrlichkeiten zeigen lassen, alles Stück vor Stück besehen, die Puppen nach der Reihe tanzen lassen, und kam nun mit den frohen Kindern und einem sehr lieben milden Gesichte zurück, wovon kein Mensch einen Begriff hat, der nicht die Gelegenheit hat, ihn zu sehen, wie ich.

Weihnachtsgrüße aus Rom

Brief an Gottlob Friedrich (Fritz) Konstantin von Stein (1772–1844), jüngster Sohn von Charlotte von Stein

Rom, den 29. Dezember 1786.

Dein Brief, mein vielgeliebter Fritz, hat mir viele Freude gemacht. Du kannst nicht öfter an mich denken als ich an dich. Gar oft wünsche ich dich zu mir, es gibt gar mancherlei Gutes zu genießen, das dich noch mehr als mich ergötzen würde.

Schwefelabdrücke bring ich dir mit und Steine von merkwürdigen Gebäuden, wo du zugleich die verschiedenen Arten von Steinen sehen sollst, mit denen man hier baute und auszierte.

Die ganze Nacht vor dem Weihnachtsfest sind wir in den Kirchen herumgefahren und haben die Feierlichkeiten angesehen und angehört. Zu St. Apollinar war Musik. St. Peter mit wenigen Lichtern, Lampen und Fackeln kaum erleuchtet, so dass man das ungeheure Gebäude kaum wiedererkannte. In einer sehr erleuchteten Seitenkapelle sangen die Chorherren die Frühmetten. In *St. Maria Maggiore* war die Kirche schön erleuchtet; dort haben sie einige Stücke von der Krippe Christi. Es zieht eine Prozession mit Fackeln umher, es wird ein silbernes Kindlein auf einer silbernen sehr verzierten Wiege getragen usw.

Am Weihnachtsmorgen hielt der Papst in St. Peter Hochamt, bei dem die Kardinäle ministrierten. Es mögen 2000 Menschen in der Kirche gewesen sein und man bemerkte sie kaum, da man hineintrat, da sie alle um den Hochaltar standen.

Die Gasse, in der ich wohne, ist gegen 3000 Schritte lang, du kannst sie einmal in der Belvedere'schen Allee abschreiten und dabei an mich denken. Erzählung von besseren Sachen hebe ich für dich auf. Wenn wir künftig zusammen gehen und fahren, habe ich dir zu erzählen, und du sollst dich nicht mehr über mein Stillschweigen beklagen.

Lebe wohl; auch ein Stück Lava vom Vesuv sollst du haben. Grüße Ernsten, deine Großeltern, und behalte mich lieb.

G.

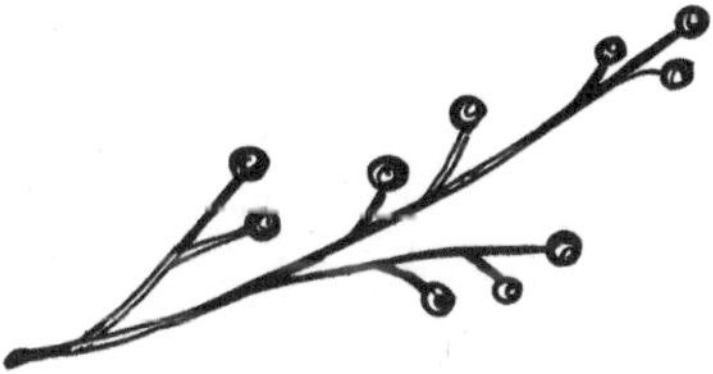

Bevor das Jahr zu Ende geht

Brief an seine Schwester Cornelia Friederica Christiana Goethe (1750–1777)

L. d. 31 Dec. 1765.

Liebe Schwester!

Das Jahr recht fleißig zu beschließen, schreibe ich an dich.

Wir haben hier schröckliche Kälte schönen Schnee und gute Schlittenbahn. Sage Hrn. Agenten ich sei auf seine Gesundheit gestern eins ums Tor gerasselt. Ich habe auch Dithyramben[15] gemacht, ihr kriegt sie aber noch nicht zu sehen.

15 *Dithyramben:* eine Gattung der antiken griechischen Chorlyrik.

Verzeichnis der Texte und Druckvorlagen

Die Texte der vorliegenden Ausgabe folgen – unter behutsamer Angleichung an die neue Rechtschreibung – den hier verzeichneten Editionen; in den Textnachweisen werden sie jeweils mit den angegebenen Titelsiglen abgekürzt zitiert.

DW J. W. G.: Aus meinem Leben. Dichtung und Wahrheit. 4 Tle. Tübingen: J. G. Cotta'sche Buchhandlung, 1814.

F J. W. G.: Faust. Der Tragödie Zweiter Teil. Stuttgart: Reclam, 1986 [u. ö.]. (Universal-Bibliothek. 00002.)

G J. W. G.: Gedichte. Ausw. und Einl. von Stefan Zweig. Stuttgart: Reclam, 1967. (Universal-Bibliothek. 6782.)

GG Goethes Gespräche. Hrsg. von Woldemar Freiherr von Biedermann. 9 Bde. Leipzig: Biedermann, 1889–91.

GS Goethes Sämtliche Werke. 28 Bde. München: Georg Müller, 1909–14.

GW Goethe's Werke. Vollst. Ausg. letzter Hand. 60 Bde. Stuttgart/Tübingen: J. G. Cotta'sche Buchhandlung, 1828–42.

JW J. W. G.: Die Leiden des jungen Werthers. Erste Fassung von 1774. Stuttgart: Reclam, 2009 [u. ö.]. (Universal-Bibliothek. 18632.)

K Friedrich Gottlieb Klopstock: Oden. Hamburg: Johann Joachim Christoph Bode, 1771.

WA Goethes Werke. Hrsg. im Auftrage der Großherzogin Sophie von Sachsen. [Weimarer Ausg.] Abt. I: Werke. Abt. II: Naturwissenschaftliche Schriften. Abt. III: Tagebücher. Abt. IV: Briefe. 133 Bde. (in 143 Tln.). Weimar: Böhlau, 1887–1919.

WML J. W. G.: Wilhelm Meisters Lehrjahre. Hrsg. von Ehrhard Bahr. Stuttgart: Reclam, 1982. (Universal-Bibliothek. 7826.)

WMT J. W. G.: Wilhelm Meisters theatralische Sendung. Hrsg. von Wulf Köpke. Stuttgart: Reclam, 1986. (Universal-Bibliothek. 8343.)

WMW J. W. G.: Wilhelm Meisters Wanderjahre oder Die Entsagenden. Hrsg. von Ehrhard Bahr. Stuttgart: Reclam, 1982. (Universal-Bibliothek. 7827.)

WV J. W. G.: Die Wahlverwandtschaften. Nachw. von Benedikt Jeßing. Stuttgart: Reclam, 1956 [u. ö.]. (Universal-Bibliothek. 7835.)

Weihnachten mit Goethe

9 GW 4,88

Goethe auf dem Glatteis

11 GW 3,154 | 13 DW 3,183–187 | 16 K 151–153 | 19 WA IV,2,203 f. | 21 WA IV,3,10 f. | 23 WA I,1,358–360

Unterwegs in Schnee und Eis

25 WA IV,4,10 f. | 27 G 63 | 28 G 156 | 29 WMW 164 | 30 WA IV,4,193–201 | 34 G 69–72

Freude des Schenkens

39 DW 3,20 | 41 GW 2,14 | 42 WA IV,5.2,362 | 43 GG 6,356 f.

Ein Fest für Kinder

45 GW 3,20 | 47 GW 3,20 f. | 48 DW 3,14–16 | 49 WMT 3–8 | 56 GS 1,147

Werther und Weihnachten

57 JW 63 | 59 JW 97–99 | 62 WA IV,2,47–51 | 66 WA IV,2,134–136

Am Weihnachtsabend

69 WA I,4,10 | 71 WA IV,3,7–10 | 75 G 28 f. | 77 GG 6,338 f. | 79 WA I,4,249 | 80 GG 2,146–148 | 82 WA IV,8,103 f. | 84 WA IV,1,33